AF285604

Franz Schuh

Gedankenspiele über das

Herz

Literaturverlag Droschl

Seit einiger Zeit lebe ich den Tränen nahe. Wenn man so einen Satz auf der Kabarettbühne sagt, antwortet ein gut eingespieltes Publikum mit einem widerhallenden, ironischen Seufzer. Den kann ich zur Not auch selbst produzieren. Nicht nur ein ehemaliger Gesundheitsminister kann seinen Burn-out pflegen, auch ein Essayist wie ich kriegt das hin. In der schlaflosen Nacht sehe ich »Medical Detectives«, eine eitle, kriminologische Fernsehdokumentation über die wohlfeilsten Verbrechen – eitel auch, weil die Sendung immer triumphierend mit dem Hinweis endet, ohne die Fortschritte der forensischen Wissenschaften hätte man niemals den Mörder überführt.

Immerhin erfährt man, dass es unter Menschen auch den einen Vater gibt, der wegen der Lebensversicherung seinen achtjährigen Sohn umgebracht hat. Aber »Medical Detectives« ist gewöhnlich eine sehr schematische Sendung, denn sie funktioniert immer so: Der Gatte / die Gattin entdeckt den jeweiligen Lebenspartner, er liegt ermordet im Ehebett. Der jeweilige Lebenspartner war einkaufen, weist also ein Alibi vor, das sich allerdings – durch forensische Ermittlungen – als Fake erweist. Der Mörder ist immer der Partner!

Am Tag, beim späten Frühstück, lese ich in meinem Leibblatt die Geschichte von »Fräulein Lieser«, von einem Bild Klimts, das in der NS-Zeit verschwand. Lilly Lieser war die Besitzerin des Bildes, das bei einem gewissen Adolf Hagenauer, einem Parteigenossen der NSDAP, all die Zeit untergebracht war. Der Mann war so eine Art Großgreißler, der »Spross« einer von seinem Großvater 1873 gegründeten Delikatessenhandlung an der Adresse Tuchlauben 4. In meinen Augen war so eine Figur aus den »Letzten Tagen der Menschheit« von Karl Kraus. Und Lilly Lieser? Sie war im Jänner 1942 zuerst ins Ghetto nach Riga deportiert und Anfang November 1943 im Gas von Auschwitz ermordet worden. Das Bild wird in die Siegerkunst eingereiht. Bei der Versteigerung im Palais Kinsky rechnet man zwischen 30 und 50 Millionen Euro, so viel, schreibt die Zeitung, werde das Bild »einspielen«. Es sind nur dreißig Millionen geworden – die gelungene Verwandlung eines Kunstwerks mit Schicksal in »Siegerkunst«.

Ich muss mir ein Herz nehmen, um zum Thema zu kommen. Methode heißt Weg, und meine Methode heißt immer Umweg. Ich will nie »auf den Punkt« kommen, auch weil ich denke, er existiert gar nicht. Das kommt von einem paradoxen Selbstgefühl: einerseits glaube ich, dass man in jedem »Thema«, das diesen Namen verdient, immer schon tief genug drinsteckt. Anderseits fürchte ich mich davor, in so eine Tiefe überhaupt ab- oder gar hinaufsteigen zu müssen. Essayistik ist auch ein Spiel mit der Bodenhaftung. Meine Umwege bilden einen Wall gegen Versuchungen und gegen die Angst, in der Sache zu scheitern. »Gedankenspiel« – das Wort verspricht mir Tröstliches.

Meine Jugendfreundin wurde ins Herz-Jesu-Spital eingeliefert, ich mache mir Sorgen. »Für was steht das Herz Jesu«, fragt man bei Google, und ich kann nicht anders als fragen, *wofür* es denn steht. In der Herz-Jesu-Verehrung wird Jesus Christus unter dem Symbol seines Herzens als die personifizierte Liebe verehrt. Das durchbohrte Herz des Gekreuzigten sei daher die Quelle der Sakramente und der Kirche.

Es ist eine Horrorgeschichte, die uns der Apostel Johannes erzählt hat. Sie zeigt, dass Religion keine unblutige Sache ist. Es war an einem Sabbat, an einem hohen Festtag. Deshalb baten die Juden Pilatus, Jesus und seinen anderen zwei gekreuzigten Kollegen am Kreuz die Beine zu zerschlagen. Die Leichname sollten nicht während des Sabbats hängen bleiben. Die Soldaten, wahre Kriegsknechte, kamen und brachen dem ersten die Beine und dann dem zweiten: »Als sie jedoch zu Jesus kamen und feststellten, dass er bereits tot war, brachen sie ihm die Beine nicht.« Dafür taten sie anderes, gleichsam in Erfüllung dessen, was ohnedies schon in der Schrift, sofern sie die heilige war, feststand: » Einer von den Soldaten allerdings stach mit der Lanze in seine Seite, worauf sofort Blut und Wasser aus der Wunde traten.«

Johannes betont, dass dies vor Zeugen geschah: »Das bezeugt der, der es mit eigenen Augen gesehen hat, und sein Bericht ist wahr. [...] Und er bezeugt es, damit auch ihr glaubt. Diese Dinge sind geschehen, weil sich erfüllen sollte, was in der Schrift vorausgesagt ist: ›Es wird ihm kein Knochen gebrochen werden.‹« Der Sinn ist klar: Sie werden Jesus, »welchen sie durchstochen haben«, als einen ganzen Menschen, also ungebrochen ansehen (müssen). Es ist auch eine Public-Relations-Aktion gewesen: das Herz Jesu, aus dem Blut und Wasser spritzt. Das Herzblut verschafft dem Ereignis höchste Glaubwürdigkeit – beglaubigt von Blut, aber auch von Wasser.

Künstlerisch muss man sagen: es war ein sehr früher Nitsch, dessen Orgien- und Mysterientheater unermüdlich versuchte, den archaischen Anteil am Leben auszustellen. Dafür bedarf es des Blutflusses, der im Körper Sache des Herzens ist. Das Leben, das mit einem Herzstich enden kann, lässt sich nur bis zu einem gewissen Grad, aber niemals ganz zivilisieren. Investieren wir das Unzivilisierbare gleich in die Orgie, um es als Kunst »auszuleben«, auch wenn man dann mit dem Moped brav nach Hause fährt.

Ich bin, wie man so schön sagt, »verunsichert«, weil ich nicht weiß, wie ich es denken soll, geschweige denn glauben, dass die Liebe und der Tod ein eingespieltes Paar sind. Aber das gehört anscheinend zu den Großen Erzählungen, die vor allem Menschen mit höherem Bildungsgrad einander überliefern. Manche von ihnen besuchen die Oper und sehen »Tristan und Isolde«. Tristan und Isolde stehen für mich unter dem Verdacht, dass sie den Tod zur Luststeigerung, als Aphrodisiakum verwenden. Dem Wagner ist alles zuzutrauen. Auf jeden Fall ist die Liebe eine

Herzensangelegenheit, wenn die Liebenden einander sehen, klopft ihnen – wenigstens zum Liebesanfang, also vor der Rationalisierung durch eine Ehe – das Herz schneller. Im Laufe der Zeit beruhigen sich die Herzen, und es treten andere Umstände ein, schöne und auch schreckliche.

In Österreich gibt es eine Geschichte, es ist die Geschichte der Rechtsanwältin Astrid Wagner, die sie immer wieder aufs Tapet bringt, und es ist eine Geschichte von Liebe und Tod, der ich den stärksten mir bekannten Gebrauch der Herzmetapher entnehme. Rechtsanwältin Astrid Wagner ist eine außerordentlich sympathische Frau. Ich habe sie vor Jahren für einen Fernsehfilm interviewt, und bis heute bin ich froh darüber, mit ihr gesprochen zu haben. Sie scheint mir auf eindrucksvolle Weise ein nervöser Mensch zu sein. Auf mich wirkt die Anwältin, als würde sie ganz fest, also ungefährdet, aber doch am Rande der Erschöpfung stehen. Im Laufe der Zeit hat sie sich einen Namen gemacht als Verteidigerin pittoresker Verbrecher, zuletzt für Fritzl, den sie aus dem Maßnahmenvollzug herausholen will. Aber ihr Thema, ihr Leitmotiv – auch schon damals für unser Interview – ist jemand anderer: Jack Unterweger.

Was ihn betrifft, scheint die Anwältin einer Art von Geständniszwang zu unterliegen – so gerne erzählt sie davon, wie der Frauenmörder Unterweger für sie faszinierend war. Wer – wie sie – es für nicht ganz unmöglich hält, dass er die neun Morde, die er nicht gestanden hat, vielleicht doch nicht begangen hat, muss sich eingestehen, dass Unterweger den einen Mord ja gestanden hatte, für den er im Gefängnis saß. Der erste Kuss, den die Wagner und der Frauenmörder einander gaben, sei der »intensivste ihres Lebens« gewesen. Ihre Liebe zu Unterweger würde sie bis heute »prägen«, aber außer dem sagenhaften Kuss war mit dem Eingesperrten das »Let's get physical« nicht mehr möglich. »Let's get physical, physical,« singt Olivia Newton-John, »I wanna get physical, let's get into physical.«

Ich glaube, die Einrichtung der Sexualität hat auch den Sinn, die Überwältigung der Faszination durch einen anderen Menschen zu entspannen. Und es ist ausgerechnet der Verzicht, der die Faszination durch einen anderen Menschen bis zur Verblendung steigern kann, die einen ein Leben lang prägt. »Let me hear your body talk, your body talk. Let me hear your body talk.« Das ist das große, ziemlich leere Motto jeder Philosophie des Herzens. Wenn der Ruf nach diesem Gespräch, dem Body Talk, ungehört verstreicht, malt sich der Körper Sachen aus, von denen der Geist glaubt, sie wären ihm allein eingefallen. Na gut, das mag offensichtlich, trivial und Küchenpsychologie sein, was allerdings nicht heißt, dass es ganz falsch sein muss, auch wenn es eine Distanzierung von der These erfordern könnte.

Aber was hat das mit einer Herzmetapher zu tun, noch dazu mit einer, die ich für die stärkste halte, die mir je bekannt wurde. Sie habe es, sagte Astrid Wagner, »nicht übers Herz gebracht«, Jack Unterweger zu fragen, ob er »wirklich« die neun Frauen umgebracht hat. Übers Herz gebracht und umgebracht. Sie habe ihm Hölzel zugeworfen, sich der Frage zu stellen, aber warum hätte er sich stellen sollen, wenn ihm die Frage gar nicht offen gestellt war?

Es gibt die berühmte, anthropologische, also menschenkundliche Auskunft, die über den Anlass hinausreicht: Irgendwann hätte es zwischen Jack Unterweger und dem Psychiater Haller auch diesen »besonderen Moment« gegeben, »der manchmal bei Begutachtungen passiert – diesen Moment, in dem die Wahrheit plötzlich greifbar wird«. Es war damals, nachdem Unterweger gerade von DNA-Beweisen gegen ihn erfahren hatte: »Tränen«, referiert Haller, »standen in seinen Augen, als er mich – ohne eine Antwort zu erwarten – fragte: ›Und ein Haar soll mir jetzt zum Verhängnis werden?‹«

Über den zum Selbstmitleid fähigen Unterweger darf man sagen, dass er »herzlos« ist. »Um ein Haar« – das ist eine Metapher aus einem anderen Umfeld als aus dem der Herzensangelegenheit. Es war das Haar in seiner Suppe und in der forensischen Medizin: Medical Detectives. In der Herzensangelegenheit schlägt Astrid Wagner einige Maßnahmen vor, mit denen man post festum die Unschuld des Geliebten eventuell beweisen könnte. Der Vorschlag ist verständlich, denn er entlastet die Anwältin davon, einen Mörder und sogar einen verurteilten Serienmörder zu *lieben*. Ein Mord nimmt dem Opfer wenn auch nicht das Schönste, so doch das Wichtigste, das er auf der Welt hat, nämlich, eh klar: sein Leben. Und wenn er's doch gewesen ist, dann kann man immer noch glauben, es war gar nicht er selbst, sondern der Großvater ist schuld, der ihn verprügelt hat oder sonst wer oder was. Unterweger, so Wagner, sei der Mörder »wegen der entsetzlichen Erfahrungen, die er in seiner Kindheit machen musste«.

Liebe verzeiht von Herzen alles, vor allem das Unverzeihliche. Dieser Glaube der Unterweger-Versteherin muss den Befund des Psychiaters Haller außer Acht lassen: »Ich diagnostizierte Unterweger als einen bösartigen Narzissten. Als einen völlig gefühlskalten, sadistischen Menschen, der Freude dabei empfindet, anderen immenses Leid zuzufügen. Und beim Töten seine Sehnsucht danach, entsetzliche Macht auszuüben, befriedigt.«

Das soziale Leben ist banaler als solche Befunde und darin – auf andere, auf lächerliche Weise – entsetzlich. Die »Kronen-Zeitung« zeigt die verkörperte Unschuldsvermutung namens Astrid Wagner, wie sie mit halbwegs irrem Blick in ihr neu erschienenes Buch über Jack Unterweger hineinschaut. Die Zeitung verehrt ihr dafür den Untertitel: »Astrid Wagner vor der Keusche, in der ›Jack‹ aufgewachsen ist. Ihr Buch ist bei Thalia erhältlich und per Amazon bestellbar. Achtung: Von einem Fremdhändler wird es dort – auch sehr teuer – angeboten. Der tatsächliche Preis: 23 Euro.«

Alles im Leben hat seinen Preis, und es hat gute Gründe, dass nur MalerInnen und DichterInnen, und keine Anwältinnen und Anwälte, ihre Seele zum Schauplatz machen (sollen). Im Liebesspiel post festum profitiert höchstens ein Fremdhändler, zum Beispiel eine Zeitung. Während die Künstlerseele unbezahlbar ist, zahlt sich die Seelenschau der üblichen Verdächtigen, der sogenannten »Prominenten« trotz Lautstärke gar nicht aus.

Ein Herz und eine Seele. »Seele« ist für mich nicht das bekannte ideologische Konstrukt, mit dem einige Menschen sich ihres Nachlebens nach dem Tode versichern. Dass der Tod nur den Körper zerstört, die Seele hingegen unsterblich ist, wollte schon Platos Figur des Sokrates glauben machen: Sokrates ging nicht unfroh in den Tod, weil man verstorben alle Übel der Welt, vor allem die körperlichen, loswird. Für meinen Bedarf ist die Seele ans Körperliche gebunden. Lasst uns Seele nennen, was das inkommensurable, das im Letzten nicht mehr mess- und beherrschbare Zusammenspiel der Organe ermöglicht. Diese Interaktion, die bis zu einem gewissen Grad den Ausfall einiger Organe, auch ihre Erkrankung kompensieren kann, »belebt« den Menschen.

Die Seele ist das Belebende. Zurück bleibt der Leichnam: leblos. Der Herzschlag hat ausgesetzt – die Metapher »ein Herz und eine Seele« besagt, so gut es in dieser Allgemeinheit geht, auf welche Weise ein Lebewesen am Leben ist.

Das vorgebrachte Beispiel einer Herzensangelegenheit von einer Anwältin und einem Mörder wiederholt die alte Erfahrung, dass es in der Liebe, meiner Seel, um Leben und Tod gehen kann. In der »Kronen-Zeitung« stand dieses tödliche Beispiel unter der fettgedruckten Überschrift: »Auf Jack Unterwegers Spuren – mit seiner letzten Geliebten«. Es geht in der Liebe nicht unbedingt herzig zu, obwohl Liebespaare in Phasen ihrer Liebe herzig aussehen können. Der Wortgebrauch von herzig, dem von »putzig« verwandt, bewirkt bei mir eine metaphorologische Verwirrung: Herz, das ist doch eine große Sache. Das Herz-Ass ist auf dem Spieltisch das Größte, und das Herz im Sprachgebrauch soll sich auf irgendetwas wie »süß« oder »lieb« herunterdefinieren lassen?

Außerdem fällt mir eine Bewegung ein, die Bewegung der Hand zum Herzen, mit der PolitikerInnen oder SchauspielerInnen ihr Publikum der Würde versichern, die sie ihm zollen, und zwar in einem Atemzug mit der Treue, die man diesem Publikum – Hand aufs Herz – zu halten gedenkt. Das ist keine kleine Sache, bei der das Herz da mitspielt. Das Signal hat Pathos, und wenn man dem Pathos schon nicht glaubt, so muss man wenigstens die Mühe erkennen, die es macht, so ein Pathos für sich zu simulieren. Der Anschein, dass alles von Herzen kommt, ist für die sogenannte »Glaubwürdigkeit« solcher Gesten entscheidend, auch weil das Pathos in der entzauberten Welt am erfolgreichsten als Strategie der Heuchelei ist.

Was das Herz betrifft, haben viele Redewendungen einen entpathetisierten, ausgenüchterten Sinn. Großes Vorbild dafür: »herzlichst« am Briefende. Wunderbar, auch bei »herzlichen Grüßen« braucht man sich nichts zu denken, was nur im geringsten Herzklopfen verursachen könnte. Ich muss zugeben, dass ich ein Anhänger solch bewährter Gedankenlosigkeiten bin: Die Alltäglichkeit, deren Funktionieren ich für einen Garant, für ein Signum des Friedens halte, arbeitet mit Floskeln, die längst aufgegebene Förmlichkeiten verwenden, ohne sie endgültig zu ruinieren. Respekt wird gezollt, wenn auch nicht empfunden.

Ein solcher Umgang miteinander hat seinen Preis. Die Trivialisierung der Herzmetapher, der schlampige Umgang mit ihrem auf Leben-und-Tod-Hintergrund (an den man gleichwohl erinnern, auf den man »anspielen« möchte), hat auch komische Seiten. Im Dahinreden hat man ja die Chance, die eigene Komik nicht bemerken zu müssen. Da wird ein Politiker gefragt, was er denn an seinem Konkurrenten schätze, und er antwortet: »Er ist jemand, der sich leidenschaftlich für Sport- und Bildungsthemen interessiert. Er ist jemand, der sich wirklich mit viel Herzblut für seine Bereiche interessiert.«

Unter anderem schränkt so ein Sprachgebrauch die Fähigkeit zur Empathie ein, zu der er sich taxfrei bekennt. Empathie begrenzt man im Alltagsleben auf Spezialfälle, auch wenn das ideologisch weniger akzeptiert erscheint, weil die allgemeine Menschenliebe besser angeschrieben ist. Von Nestroy und aus der Erfahrung weiß man, dass der Mensch gut ist, aber die Leute ein Gesindel sind. Auch jenseits einer solchen Skepsis sind Menschen überfordert, müssten sie das Beileid, das sie den Hinterbliebenen aussprechen, auch im Ernst empfinden. Diese gut eingeübte Empathielosigkeit wäre kein Grund, die Förmlichkeiten des Mitleids einzustellen. Ein Herz im vollen Umfang haben wir allein für unsere Liebsten, und ein wenig fällt davon für andere ab. Alle werden sterben, und insofern können wir solidarisch auch unsere Mitmenschen ins Herz schließen. Das ist aber nur ein Abglanz des durch und durch gehenden Schmerzes, der uns das Herz brechen kann, wenn uns das Liebste, die Liebste oder der Liebste stirbt.

Die Konzentration der Liebe auf einzelne Menschen mag der universalen Illusion des Liebens widersprechen, aber es ist nicht menschenmöglich, ohne eine Wahl und ohne ihre ausschließenden Konsequenzen durchs Leben zu kommen. Totale Empathielosigkeit ist pathologisch, aber will man verstehen, was menschenmöglich ist, muss man der Entfremdung dankbar sein, mit der man »uneigentlich« existiert und nicht im Stress der Dauerempfindsamkeit für andere untergeht. Das Herz würde nicht mitspielen. Die Entdramatisierung des Daseins und die von Förmlichkeiten der Zugehörigkeitserweisung scheinbar gemilderte Entfremdung, ermöglichen den durchschnittlichen Lebenslauf, sie arbeiten mit an der Lebensbewältigung. Persönlichkeiten, zum Beispiel die Jungfrau von Orléans, sind durch das Gerücht ihrer absoluten moralischen Authentizität herausgehoben. Das geht uns ans Herz, während wir aber klammheimlich oder ganz offen froh darüber sind, nicht so sein zu müssen. Ich habe über jemanden sagen hören, er sei mutig, integer und – »im Herzen« – Optimist. Was einer im Herzen ist, so will es die Metapher, ist er wirklich, »eigentlich«. Aber die Sprache ist auch ein Spielraum, und die Verniedlichung der Herzlichkeit zu »herzig« könnte der Versuch sein, die lebensentscheidende Größe des Organs intimisierend zu verniedlichen.

Ich habe ein großes Herz. Das darf ich von mir sagen, weil die Herzmetaphern in sich uneinig sind. Mein Herz ist kardiologisch gesehen zu groß, Jahre des hohen Blutdrucks habe ich in die Größe meines Herzens investiert. Die Herzmetapher kann ich nicht für mich beanspruchen, der gemäß jemand ein großes Herz hat, dessen Empathiefähigkeit, seine Weitherzigkeit über dem Durchschnitt liegt. Mein Herz ist bloß tatsächlich groß. Ich glaube, das ist das offensichtliche und allgemein bekannte Kennzeichen für die Sonderstellung der Herzmetapher: Das Herz dient sowohl vielen Verbildlichungen der menschlichen Existenz (bis hin zur Seele), als es auch »in echt« ein Organ ist.

Meine Lieblingsmetapher lautet: »Die Sonne lacht.« Die Sonne existiert, aber sie lacht nicht, und wenn ich, was tatsächlich der Fall ist, Druck am Herzen spüre, kann es heißen, dass mich etwas außerordentlich berührt, aber der Druck kann auch von meiner verengten Herzkammer kommen, deretwegen mir die Ärzte einen Herzkatheder versprechen. Ja, die Sonne existiert, aber im All, weit weg. Das Herz pumpert wirklich, »ganz nah«, in meinem Körper. Pumpern: regional umgangssprachlich, unter anderem in Österreich und Bayern. Pumpern heißt »laut klopfen«, zum Beispiel an eine Tür oder – auch genuin aus der Herzlichkeit kommend – spricht pumpern vom »pochenden Herzen«.

Zum Glück vergessen meine Ärzte, was sie versprochen haben, und so bin ich fürs Erste davon, also um den Herzkatheder herumgekommen. Ich habe Vorhofflimmern, technisch durch das EKG nachgewiesen, aber krank durch Vorhofflimmern des Herzens bin ich auf eine Weise, die einem subjektiv nicht bewusst ist. Ich leide an keinen Schmerzen unter diesem Flimmern, und da mein Herz alle paar Momente nur kassenärztlich überprüft wird, fürchte ich mich nicht allzu sehr, dass es eines Tages zum Eklat kommen wird. Wahlarzt ist Zahlarzt. Beim Wahlarzt müsste ich vorsichtiger sein, denn er lebt ja von meinem Herzen viel besser als der Kassenarzt, für den sich das Elend in meinen Befunden gar nicht so sehr bezahlt macht.

Das Elend: Zu meinen Bildern aus dem wirklichen Leben, also nicht zu meinen Sprachbildern, gehört ein junger, sehr alt wirkender, dicklicher Mann, den ich am Gang der kardiologischen Abteilung des Kaiser Franz Josef Spitals auf und ab gehen sah. Es war ihm schwindlig, und er konnte es nicht glauben. Mit jedem unsicheren Schritt wollte er seinen Schwindel ungeschehen machen, aber sein Herz spielte nicht mit. Und wenn er nicht gestorben ist, geht er heute noch auf und ab.

Das sind zwei Seiten, in denen sich das Herz spiegelt, nämlich einerseits in einer (trivialisierbaren) Behauptung absoluter Authentizität. Zur Geliebten sagt man »mein Herz« und hält sich zu Recht selbst für tot, wenn dies andere Herz ausfällt. Andererseits steht das Herz als Organ den positivistisch-empirischen Verfahren der Medizin zur Verfügung. Das größte Herz hat Barbara Stöckl, die Fernsehjournalistin. Sie hat es in ihrer meisterinnenhaften Reportage »Unser Herz«, die mehr als eineinhalb Stunden dauert, vor Augen geführt: ein riesiger, blutrot gefärbter Körper, der das Herz als Organ in allen sichtbaren Facetten vor Augen führt, es nur im Wesentlichen dramatisch verfehlt: Dies künstliche Herz ist naturgemäß im Stillstand, es ist aus Holz oder aus einem festen Kunststoff, ich weiß es nicht. Ein sogenannter »Herzspezialist« (eine Berufsbezeichnung und zugleich: was für eine Metapher!) erklärt in Stöckls Sendung alles.

Aber das Medizinische im öffentlichen Diskurs ist immer seltsam mechanisch, immer von der Utopie allgemeiner Heilbarkeit getragen, nach dem Motto: Wer zum Frühstück nicht zu viel isst, wird ewig leben, und falls er dennoch stirbt, dann macht das in der prästabilierten Harmonie der propagierten Medizin eh nichts aus, denn der Tod gehört ja zum Leben. Wer denn sonst, wenn nicht er? Na ja, ich möchte für meine abweichende Auffassung um Verständnis bitten: Der Tod gehört nicht zum Leben. Er findet im Leben statt, aber er existiert gespalten. Der Tod setzt sich zusammen aus der Innerzeitlichkeit des Sterbens und aus einer Art Ewigkeit, aus einer zeitlichen Unbegrenztheit des Gestorben-Seins. In diesem Sinne erscheint mir der Tod verständlich und darstellbar, und zwar als Grenzbegriff von Leben und Tod – falls man unter Tod nicht einfach den im Feuer bestatteten Menschen oder die im nassen Grab verwesende Leiche verstehen will.

Entweder verstehen die Ärzte nichts von der Metaphysik des Todes, oder sie wollen nichts davon verraten. Das großartige Herz in Stöckls Reportage ist anti-metaphorisch: Es versinnbildlicht ein Organ durch nachgebaute Detailgenauigkeit. OK, ich möchte keinen Metaphysiker an meinem Krankenbett, dessen Herzmetaphern mich bezaubern. Es ist wahrscheinlich falsch, von Herzspezialisten »die Metaphysik des Todes« abzufragen. Der Tod versinkt in den Routinen, mit denen man ihn vermeiden möchte, aber ihn am Ende doch zur Kenntnis nimmt, und sei es achselzuckend.

Hinzu kommt das Schauspiel des Mitleidens: Als mein Vater gestorben war, klopfte mir der mitteilende Arzt auf die Schulter. Ich war ergriffen. Eines Tages sah ich in einer kitschigen Arztserie des Fernsehens, wie Ärzte dazu ausgebildet werden, den Hinterbliebenen unterstützlerisch, mitleidend auf die Schulter zu klopfen.

Das Wort »Kunstfehler« rechnet noch mit der Kunst, also mit etwas, das einer Routine übergeordnet ist. Es sind zwei Strategien, mit denen die Wissenschaft – auf ihrem Feld – das Metaphorische, also alles Künstlerische, Unberechenbare am Herzen außer Kraft setzen möchte. Die zweite Strategie ist die chirurgische. Dazu gleich, zunächst aber die Autofiktion: Im Spital der Barmherzigen Brüder, in Wien in der Gottgasse gelegen, hängte man mir ein 24-Stunden-EKG um. Dass man im Spital in Gottes Hand ist, hat in erster Linie nichts mit der Adresse der Barmherzigen Brüder zu tun – Johannes von Gott ist der Gründer des Ordens der Barmherzigen Brüder, deren Spital in der Wiener Gottgasse beiden Namen alle Ehre macht.

Und am 24-Stunden-EKG lässt sich die antimetaphorische Strategie der modernen Wissenschaftlichkeit und ihrer Tatkraft leicht erkennen: Jegliches Formulieren wird durch *das Messen* ersetzt, und angesichts der Notfälle zu Recht überflüssig gemacht. Die Messergebnisse sind objektiv, aber genau nicht, was sie für den Gemessenen bedeuten. Objektiv, unsentimental – das gilt nicht zuletzt für das Chirurgische, wenngleich dessen Möglichkeiten, man denke nur an die Herztransplantationen, einen Grad des Unheimlichen erreicht haben, den Eingriff ins Innere, der sich seinerseits als eine Art reale Metapher für Herz und Seele begreifen lässt. Das Prinzip hat Walter Benjamin zu einer Zeit benannt, als die Realisierungen dieses Prinzips noch »in den Kinderschuhen« steckten.

Der im Folgenden zitierte Text Benjamins steht ausgerechnet in seiner klassischen Abhandlung der Kunstphilosophie, nämlich in: »Das Kunstwerk im Zeitalter seiner technischen Reproduzierkeit«. Am Ende des Abschnittes XI will Benjamin auf den Nachweis hinaus, dass Menschen zu Recht vom Kunstwerk verlangen, »den apparatfreien Aspekt der Wirklichkeit« zu zeigen, und dass die Kamera des Films genau das gewährt, und zwar »auf Grund ihrer intensivsten Durchdringung mit der Apparatur«.

Benjamin selbst operiert mit der Unterscheidung von Operateur und Magier. Der handauflegende Magier agiert, in meinen Worten gesagt, auf dem Gebiet, das ich oben »Metaphysik« genannt habe: eine das Physische übertreffende, bedeutsame Ungeklärtheit. »Der Magier«, so Benjamin, »erhält die natürliche Distanz zwischen sich und dem Behandelten aufrecht; genauer gesagt: er vermindert sie – kraft seiner aufgelegten Hand – nur wenig und steigert sie – kraft seiner Autorität – sehr. Der Chirurg verfährt umgekehrt: er vermindert die Distanz zu dem Behandelten sehr – indem er in dessen Inneres dringt – und er vermehrt sie nur wenig – durch die Behutsamkeit, mit der seine Hand sich unter den Organen bewegt. Mit einem Wort: zum Unterschied vom Magier (der auch noch im praktischen Arzt steckt) verzichtet der Chirurg im entscheidenden Augenblick darauf, seinem Kranken von Mensch zu Mensch sich gegenüber zu stellen.«

Benjamins Entmenschung, die es erst ermöglicht den Menschen »von heute« in seiner Wirklichkeit zu zeigen, Magier und Chirurg, vergleicht den Maler mit dem Kameramann: »Der Maler beobachtet in seiner Arbeit eine natürliche Distanz zum Gegebenen, der Kameramann dringt dagegen tief ins Gewebe der Gegebenheit ein. Die Bilder, die beide davontragen, sind ungeheuer verschieden. Das des Malers ist ein totales, das des Kameramanns ein vielfältig zerstückeltes, dessen Teile sich nach einem neuen Gesetze zusammen finden.«

Das »neue Gesetz« ist allerdings nicht das geworden, worauf Benjamin setzte, es ist keine aufgeklärte, von den technischen Möglichkeiten mit hervorgebrachte, mit ihr kompatible Welt entstanden. In der wahnwitzigen Bilderwelt, den Orgien der Reklame, schlug nicht zuletzt der Operateur in den Magier um. Ich bin alt genug, um es noch erlebt zu haben, wie dieser Mann der Öffentlichkeit präsentiert wurde: Christiaan Barnard, der Herzspezialist unter den Herzspezialisten, ein sehr verdienter Chirurg, der wie ein Hollywood-Idol herumgezeigt wurde. Wikipedia provoziert im Internet kein Bewusstsein von der unfreiwilligen Komik und ihrem schwarzhumorigen Hintergrund, mit dem es Barnards magische Heldentat beschreibt: »Barnard transplanted the heart of accident victim Denise Darvall into the chest of 54-year-old Louis Washkansky who regained full consciousness and was able to talk easily with his wife, before dying eighteen days later of pneumonia.«

Heute, sagt man, ist das Problem gar nicht mehr die Operation, schwierig sei es nur, die dafür benötigten Herzen aufzutreiben. Aber damals: Die Kameras holten Barnard ganz nahe ans Publikum heran, als ob er jedem der Zuschauer gleich, noch vor der großen Operation, die Hand auflegen würde. In der Public-Relations-Gesellschaft gibt es kaum eine Möglichkeit, die Bedeutungssphäre eines Eingriffs, der in mir das Herz eines anderen schlagen lässt, metaphysisch und öffentlich durchzuarbeiten. Man subsummiert die Herztransplantation unter die allgemeinen Fortschritte des modernen Lebens und unter seine Großartigkeit. Ich bin kein Anhänger der berüchtigten ideologischen Entgegensetzung von Kultur und Zivilisation, aber die Versuchung der Frage ist mir verständlich, was es denn kulturell *bedeutet*, wenn die zivilisatorischen Errungenschaften in ihrer Selbstgenügsamkeit gefeiert werden und man über den Chirurgen höchstens sagt: »Er hat mein Herz in der Hand gehabt.«

In eine gegensätzliche Richtung, weg von den medizinischen Handgreiflichkeiten, gehen die Dichter in ihrer Herzlichkeit. Goethe zum Beispiel: »Ach, was soll der Mensch verlangen? / Ist es besser, ruhig bleiben? / Klammernd fest sich anzuhangen? / Ist es besser, sich zu treiben? / Soll er sich ein Häuschen bauen? / Soll er unter Zelten leben? / Soll er auf die Felsen trauen? / Selbst die festen Felsen beben.«

Viele Fragen keine Antwort. Die Antwort gibt Goethe am Schluss. Zuerst lässt er die Fragen rhetorisch antanzen, sie kommen irgendwie aufgemascherlt wie zur Firmung der Menschheit daher. Aber es sind doch keine rhetorischen Fragen, sondern pragmatische. Die höchste aller pragmatischen Fragen lautet, wie denn zu leben sei. Diese Frage beantwortet Goethe im Gedicht dezidiert pluralistisch: »Eines schickt sich nicht für alle! / Sehe jeder, wie ers treibe, / Sehe jeder, wo er bleibe, / Und wer steht, daß er nicht falle!«

Wenn man dieses Gedicht laut und ganz kalt vorliest, geradezu metallen, dann verschwindet vielleicht etwas von seinem betulichen Ton kleinbürgerlicher Lebensweisheit. Am Ende überschreitet Goethe sogar die Grenzen der Aufklärung, nämlich deren Theorem von der Selbstbestimmung. »Siehe jeder, wo er bleibe« war in der Goethezeit wahrscheinlich eine Frohbotschaft. Heute klingt es, armer Goethe, nach neoliberaler Entsolidarisierung. Wer steht, der sehe, dass er nicht falle – das lese ich zwiespältig: aufmunternd mitleidend und andererseits der Härte des Lebens zustimmend, wie das nur Menschen draufhaben, die well-off sind. Aber was hat das alles mit Kardiologie, mit einer Lehre vom Herzen zu tun?

Es ist der Titel. Das Gedicht heißt »Beherzigung«. Dass man einem anderen Menschen etwas sagt, von dem man hofft oder verlangt, dass er es »beherzigt«, ist eines der Fundamente, wenn nicht der innerste Kern von Kommunikation. »Kommunikation« heißt, man will verstehen und will verstanden werden. Das ist viel verlangt. Von dem Philosophen Fichte habe ich den Ausdruck, dass jeder Mensch für den anderen »Aufforderungscharakter« hat. Das heißt, jede Existenz kann sich in die andere einmischen und sie beeinflussen, wenn nicht sogar steuern. Das geht so weit, dass man seine Weisheiten tradieren möchte, damit die Aufforderung, die man darstellte, nicht vergeht. Die Blockierung dieser Fähigkeit, ihr Ausfall, hat mit Empathielosigkeit zu tun, ein Befund, der kriminologisch gerne Verbrechern ausgestellt wird: Der grausame Mörder macht sich von seinem Opfer keinen Begriff, und die Reue, die er empfindet, kommt nur davon, dass man ihn erwischt hat.

Sonst ist er ein Monolith unter Mitmenschen, die ihm auch als Monolithen vorkommen. Die beseelende Funktion von Metaphern wird hier noch zum Thema werden. Ich glaube, dass »das Erzählen«, das im Literaturgeschäft bis zur Ideologie überspannt wird, in diesen Bereich der Kommunikation gehört: Literarisches Erzählen ist auch ein Trockentraining für das, was man sich im Leben zu Herzen nehmen soll, es ist eine Empfindungsübung. Die Idee des Erzählens gibt es sogar in einer naturalistischen Volte, nämlich tierisch: »Erzählen ist für den Menschen wie für den Maulwurf das Graben.«

Geschichten prägen sich ein und tragen im Jargon gerne den Namen »Narrative«. Mit den Narrativen meint man, glaube ich, »transzendentale« Geschichten, also solche, die viele Erzählungen präformieren. Die einzelnen Geschichten haben Narrative zur Voraussetzung. Man meint damit das Allgemeine, das den Rahmen bildet, in dem (und durch den) viele Geschichten erst verständlich, erinnerungsfähig und nacherzählbar werden. Narrative machen auch die Moden möglich, ich hab' nichts gegen das Modische. Die Moden halten das Blendwerk in Gang, und da kriegt man saisonal bedingt alles geliefert, was man (nicht) braucht: die Heimaterzählungen, Blut und Boden, Blut ohne Boden,

den Vater-Sohn-Konflikt, die Kriegsliteratur und die Texte für den Frieden.

Mir fällt Nestroy ein, wenn ein bedeutungsschwangerer Regisseur dem Publikum androht, er werde auf der Bühne »eine Geschichte erzählen«. »Ja, da hab I' scho gnua!« heißt ein Refrain bei Nestroy. Aber der Regisseur ist im Recht, und meine Aversion gegen die vermeintliche Überbetonung des Erzählens ist idiosynkratisch, eigenbrötlerisch. Schließlich heißt »Drama« Handlung, und eine Handlung, damit sie zu Herzen geht, muss man erzählen. Die Literatur ist eine Beherzigungsbranche, und in dieser Branche sind es sogenannte Avantgarden (nicht alle), die sich ebenso dem Metaphorischen in der Dichtung widersetzen wie allen dichterischen Aufforderungen zum Gefühl. Diese artistische Entsensibilisierung funktioniert für die Literatur bis heute nicht, und sie war zu Schillers Zeiten – Sturm und Drang! – undenkbar.

Also nach Goethe auch Schiller. Ich übe mich in einer Form des Erzählens, dem Nacherzählen: Aus Schillers »Kabale und Liebe«, dem »bürgerlichen Drama«, stammt ein Dialog von einer Rauheit, den der Gemeingeist einem Schiller niemals zugetraut hätte. Da hält der seine Tochter liebende Vater der Gattin einen Gender-Vortrag. Der Vater sagt: »Das Mädel ist schön – schlank – führt seinen netten Fuß. Unterm Dach mag's aussehen, wie's will. Darüber guckt man bei euch Weibsleuten weg, wenn's nur der liebe Gott *parterre* nicht hat fehlen lassen.« Ungeheuerlich, Schiller sofort aus allen Stadttheatern herausstreichen!

Bei diesem Schiller geht's in »Kabale und Liebe« darum, dass dem Bürger Miller seine Tochter von einem Adeligen verehrt, ja begehrt wird, und die Gattin Millers benützt im Dialog eine Metapher, die aber zum sprachlichen Herzkreislauf gehört, nämlich die Metapher von der »schönen Seele«. Sie sagt nämlich zum Gatten: »Solltest nur die wunderhübsche Billeter auch lesen, die der gnädige Herr an deine Tochter schreiben thut. Guter Gott! da sieht man's ja sonnenklar, wie es ihm pur um ihre schöne Seele zu thun ist.«

Aber der Herr Miller, seinerzeit im gutbürgerlichen Beruf Stadtmusikant und Musiklehrer (der Kalauer mit »Glenn Miller« fällt mir ein), glaubt nicht an schöne Seelen, sondern er fürchtet den Sexualtrieb, für den er die weltbeste Herzmetapher erfindet. In der Not, ja in seiner Angst, sein guter Ruf ginge durch das Treiben seiner Tochter den Bach hinunter, formuliert er die bekannte Verwerflichkeit eines Liebhabers aus der Oberschicht: »Wer einen Gruß an das liebe Fleisch zu bestellen hat, darf nur das gute Herz Boten gehen lassen.«

Seine Frau hingegen glaubt aus gutem Herzen, wenn auch zaghaft, an das Gute im Menschen. Als Beweis dafür gibt sie die »guten Bücher« an, die der Adelige – kultiviert wie Adelige nun mal sind – in den bürgerlichen Haushalt eingebracht hatte. »Sieh doch«, sagt sie, »sieh doch nur erst die prächtigen Bücher an, die der Herr Major ins Haus geschafft haben. Deine Tochter betet auch immer draus.«

Das eröffnet dem Gatten den Zugang zu einem wesentlichen Stück Literaturtheorie: »Hui da!«, ruft er aus, »Betet! Du hast den Witz davon. Die rohen Kraftbrühen der Natur sind Ihro Gnaden zartem Makronenmagen noch zu hart. – Er muß sie erst in der höllischen Pestilenzküche der Belletristen künstlich aufkochen lassen. Ins Feuer mit dem Quark. [...] Das Mädel setzt sich alles Teufelsgezeug in den Kopf; über all dem Herumschwänzen in der Schlaraffenwelt findet's zuletzt seine Heimath nicht mehr, vergißt, schämt sich, daß sein Vater Miller der Geiger ist, und verschlägt mir am End einen wackern ehrbaren Schwiegersohn, der sich so warm in meine Kundschaft hineingesetzt hätte«.

Auch wenn's nach »My Fair Lady« klingt – das ist Schiller. Mehr über den Quark steht auch nicht in Flauberts »Madame Bovary«, deren durch Literatur verkitschtes Herz sie und Charles Bovary ins Unglück führt. Soziologisch gesehen verkörpert Schillers Miller ein klassisches Problem, nämlich die Abstimmung des Sexuellen, »des Fleischlichen« mit den gesellschaftlichen Gegebenheiten und Zwängen, versimpelt gesagt: mit der Macht.

Das Problem kennt ein vielfältiges Management, und es ist akut bis hinein in unsere *Hoch*zeiten des Pornographischen. Die Versuche, »unangemessenes« Begehren wie immer vergeblich unter Kontrolle zu bringen, erreichen selten das Niveau von »Tristan und Isolde«. Aber sie bleiben nicht aus, sogar in Gesellschaften, die sich selbst so gerne als freie deklarieren. Man denke an Bill Clinton, der es in seiner Not so hindrehen wollte, dass er den Blowjob sogar entsexualisierte: »I did not have sexual relations with that woman.« Dass sogar *der Begriff* der Liebe, also eine Abstraktion, vom Herzen spricht, entspricht ganz linear der Erfahrung, dass das Herz bei Liebesgefühlen stärker klopft.

Das könnte man nicht nur am EKG sehen, man liest es sogar bei den größten Dichtern, bei denen es – wie beim poetischen Amateur ja überhaupt – zu schlechten Gedichten führt: »Ich weiß nicht, was ich habe, / mir ist ums Herz so schwer ... / Ums Herze? Ach was sag ich – / ich hab doch keines mehr. / Seit ich, mein Glück, dich kenne, / du süßes Liebchen mein, / vom ersten Augenblicke / an wars ja doch schon dein.« Und so weiter. Kein Heine. Der Süßholzraspler ist Rilke.

Aber warum nicht Heine? Er war der Romantiker, der sich diesem Romantiker-Sein, dieser Empfindungskultur erwehren musste, indem er die Romantik ironisierte. Aber auch die Ironie verriet alles, wofür Heines Herz schlug. Im »Buch der Lieder« spricht er von seinem Herzen: »Herz, mein Herz, sei nicht beklommen, / Und ertrage dein Geschick, / Neuer Frühling gibt zurück, / Was der Winter dir genommen.«

Die zweite Strophe fügt hinzu: »Und wie viel ist dir geblieben! / Und wie schön ist noch die Welt! / Und, mein Herz, was dir gefällt, /Alles, alles darfst du lieben!« Es ist nicht nur »der Andere«, der einen zur Beherzigung seiner Weisheit aufruft. Man sagt sich seine Weisheiten auch selbst. Ein Dichter der Unschuld des Herzens ist Heinrich Heine nicht. Im zitierten Gedicht, das mir gefällt, lese ich eine Scheinnaivität heraus. Sie zeigt sich in der Einfachheit, ja, in der Banalität des Inhalts, in der allzu leicht, nämlich an der Natur, am Jahreswechsel, festgemachten Kompensation des Verlusts: Was dir der Winter genommen hat, gibt dir der Frühling zurück.

Die Anlehnung des menschlichen Geschicks an das Erwachen der Natur ist keine poetische Großtat. Aber das Gedicht macht gute Stimmung. Es ist weniger auf zu Herzen gehende Rührung aus als auf Trost, und dass der Trost so leichthin fällt, steigert seine Wirkung: So viel ist doch gar nicht verloren gegangen. Es herrscht kein »wie gewonnen, so verloren«, sondern es gilt »verloren und erst recht gewonnen«. Das Gedicht simuliert eine Öffnung und nimmt den Leser mit, ohne dass der Preis für ihn zu groß wäre. Das Herz trifft seine Wahl, alles darf es

lieben. Der Universalismus der Liebe, ihr früh-
lingshafter Aufschwung nach dem Winter, ist
hier nicht das Thema. Das Gedicht zeigt, was Sache ist: Man redet via Herz von sich – und das
ist eine der Grundlagen unserer narzisstischen
Kultur. »Mein Herz« nennt man den geliebten
Menschen, aber auch wenn es um einen selbst
geht, kann man sagen: »Ach, mein Herz.«

Wenn ich jemandem mein Herz schenke, und er
will es nicht nehmen, dann nehme ich mir das
zu Herzen, und es kann sein, dass ich ein gebrochenes Herz bekomme. Dafür gibt es sogar einen
medizinischen Befund, der – wie üblich – vor
seelischer Unbeteiligtheit in seiner jargonhaft
sprachlichen Schönheit erstrahlt: »Das Broken-Heart-Syndrom ist eine plötzlich auftreten-
de Funktionsstörung der linken Herzkammer,
die oft durch starken Stress oder Schmerzen
ausgelöst werden kann. Gezählt wird es zu den
erworbenen Herzmuskelerkrankungen (Kardio-
myopathien).«

Erworben ist gut – zum Glück braucht man für
sein gebrochenes Herz keinen Gewerbeschein,
keinen von der Art, mit der hauptberufliche
Kleingewerbebetreiber im Kleingewerbebetrei-

ber-Supermarkt ihre Ware billiger einkaufen, als sie sie dann im Laden verkaufen. Aber es gibt noch eine andere Frohbotschaft: »Häufig wird das Broken-Heart-Syndrom zunächst für einen Herzinfarkt gehalten, da es die gleichen Symptome auslöst. Die Betroffenen leiden an Atemnot und verspüren ein Engegefühl in der Brust, teilweise begleitet von Schweißausbrüchen, Übelkeit und Erbrechen. Im Herzultraschall fällt eine deutliche Bewegungsstörung des Herzmuskels auf. Im Gegensatz zum Infarkt findet man bei den Betroffenen aber keine Verengung und keinen Verschluss eines Herzkranzgefäßes.« Ja, ein Glück. Das also ist die Wissenschaft – was für ein Aufwand für: Die Alte hat mich verlassen, jetzt tut mir das Herz so weh. Ein Herz und eine Seele, die Wendung, mit der man eine Zusammengehörigkeit verabsolutiert, bis man isoliert im Regen stehen gelassen wird.

Meiner Seel, ich habe nachgeschlagen, was eine Metapher lexikalisch ist. Da bleibt nicht viel von ihr über: »Die Metapher (griech. metaphorá = Übertragung) nach traditionellem Verständnis, meint die Bedeutungsübertragung eines Wortes aus seinem kontextuellen Zusammenhang in eine bildliche Darstellung zur Beschreibung der Charakteristiken des Sachverhalts.« Das ist richtig, aber es ist staubtrocken, steht also im Gegensatz zu dem, was eine Metapher ermöglicht, was man mit ihrer Hilfe zusammenbringt. Als Metapher fand ich »Verkehrsinsel« angegeben. Na gut, die Insel, die im Meer ihr Alleinstellungsmerkmal demonstriert, wird rhetorisch auf ein Phänomen übertragen, das mit einer Naturgegebenheit gar nichts zu tun hat. Das Philologendeutsch hat dafür eine unnachahmliche Sprache: »Im Beispiel ›Verkehrsinsel‹ wird die Insel aus dem Sinnbereich Wasserlandschaft in den Sinnbereich Verkehrsbauten übertragen.«

Siehe oben: »Die Sonne lacht« – sollten Tiere auch lachen, wenigstens grinsen, bliebe das Lachen doch sehr menschlich. Die Integration ins Menschliche, die Aneignung von Gegenständen oder Umständen, die von Menschen unabhängig sind, kann eine Leistung von Metaphern sein. Das scheint mir offensichtlich in dem umständlich-aufwendigen Glückwunsch enthalten zu sein: »Hab' Sonne im Herzen.« Solche Metaphern verkünden vertraute und oft auch befremdliche Wertungen. Ich habe einmal aufgeschnappt, das Indirekte, das Übertragene der Metapher hätte ursprünglich seinen Grund in einem Machtverhältnis: Man wagte es nicht, den Mächtigen ins Gesicht zu sagen, worum es geht oder was los ist. Daher sprach man in Metaphern, die nicht so angreifbar machen wie die direkte Rede. Macht hat auch die Natur über den Menschen: Ein Sonnenaufgang in seiner Erhabenheit kann einem das Gefühl geben, ganz klein zu sein, und die metaphorische Aneignung des Unverfügbaren hilft einem da ein wenig raus. Aber der Machtaspekt (der meiner Grundskepsis dem Dasein gegenüber sehr entgegenkommt) unterschlägt die andere Funktion, nämlich den unaufhörlichen Versuch der Menschen, sich *einprägsam* verständlich zu machen.

Als Sprachbilder sind Metaphern für die Dichterinnen und Dichter verlockend. Die abgedroschenen Bilder muss die Dichtung meiden, und die glänzend originellen können dem Dichter gutgeschrieben werden. Von Goethe las ich das umwerfende »I can't get no satisfaction«-Gedicht seines Jahrhunderts. Der Dichter konnte dabei auf das Herz nicht nur nicht verzichten, sondern er musste es überbeanspruchen: »Mein ist, mein die ganze Welt! / Herzchen! Liebes Herzens-Herzchen / Was begehrst du, Herzens-Herzchen? / Fordre nur die ganze Welt.«

Von solchen Pathetisierungen (von denen un-
glücklicherweise viele auch Trivialisierungen
sind) kann man jene Herzmetaphorik unter-
scheiden, die per se trivial erscheinen, weil sie
in das Repertoire der Redewendungen einge-
gangen sind: engherzig, großherzig, harther-
zig. Angemessen pathetisch klingt in einer der
Urszenen der europäischen Literatur, in Homers
»Ilias«, die Stelle, an der Hector Achilles tötet.
Und siehe da, Hector stirbt, nicht ohne Achilles
mitzuteilen, was sich der Leser auch denkt: »Du
hast ein Herz von Eisen im Busen.« Und auch
Achilles macht angesichts der Lage vom Herzen
Gebrauch: Er spricht, wie es heißt, »gefieder-
te Worte«, die er selbst im Verlauf seiner Rede
mit der Frage konfrontiert: »Aber warum erwägt
mein Herz nur solche Gedanken?«

Die Herzmetaphorik, die bis ins Politische hinein ihre Wirkung entfalten soll (»Herz statt
Hetze!«) kommt auch in poetischen Kunststü-
cken vor, deren Poesie hält, was sie verspricht.
Es sind Erfindungen von Metaphern, die noch
nicht spruchreif waren. Elias Canetti veröffent-
lichte seine Aufzeichnungen von 1973 bis 1985
in einem Buch mit dem Titel: »Das Geheimherz
der Uhr« – eine Wortfügung, in der nach meiner

Lesart »Wem die Stunde schlägt« enthalten ist. Es ist der Tod, der »eintritt«, wenn die Zeit »abgelaufen« ist. Dass es sein wird, steht fest, nur die Stunde ist noch geheim. Das Geheimherz der Uhr wird es eines Tages auf Kosten des Geheimnisvollen offenbaren. Dann ist es für den Betroffenen zu spät, und es gilt die epigrammatische Regel als Antwort auf die Frage: Es ist etwas, das existiert, wenn du es nicht weißt. Weißt du es, dann existiert es nicht mehr: das Rätsel.

Im »Leviathan« erzählt Thomas Hobbes die alte Herzgeschichte des Prometheus: »Denn wie Prometheus, das heißt der tief in die Zukunft Blickende, an den Kaukasus, der eine weite Aussicht gestattete, gefesselt, sein Herz täglich einem Adler zum Fraß darbot, wovon gerade so viel des Nachts wieder nachwuchs, als bei Tage aufgezehrt war, so nagt auch immerfort an dem Herzen desjenigen, welcher zu weit voraussieht, Furcht, vor dem Tode, vor Armut, vor Unglücksfällen, vor Armut und anderen quälenden Sorgen, nur der Schlaf gewährt ihm Erholung.«

Das steht bei Hobbes im Kapitel »Von der Religion«. Ich glaube nicht, dass es ein besseres Bild von der »exzentrischen Positionalität« des Menschen geben kann: Der Mensch fürchtet, denn er sieht voraus, auch das, was noch gar nicht zu sehen ist. Wie die Hoffnung, die einen dazu bringt, Unerträgliches zu ertragen, tut die Voraussicht, der mögliche Blick in die Zukunft, nicht nur gut. Für Hobbes sind die diversen Quellen der Furcht eine der Ursachen der Religion, mit der er aufräumen möchte. Religion sei nur ein Medium, mit dem die Menschen die undurchschaubaren Ereignisse ihres Schicksals zu bannen versuchen. Die Menschen hätten sich die Götter »als entsprechend der menschlichen Seele« vorgestellt.

Das ist der gute alte Atheismus: Kein Gott hat die Menschen erschaffen, sondern die Menschen in ihrer Bedrängnis haben die Götter und dann – in einem monotheistischen Anfall – den *einen* Gott erschaffen. Theologisch braucht man das gar nicht als Leugnung der Existenz Gottes hinzunehmen: Die Vermittlung von Endlichkeit und Transzendenz *muss* stattfinden, sonst stünde Gott alleine im Universum da und es gäbe den Funken gar nicht, der vom Menschen auf Gott und von Gott auf den Menschen »überspringt«. Gott kann nicht anders (nichts anderes wollen), als dass die Menschen ihn erschaffen. Aber das steht in einem ganz anderen Buch, bei Thomas

Hobbes steht über die von ihrer Mangelhaftigkeit geleiteten Menschen: »Das Wesen dieser Götter konnten sie sich nicht anders vorstellen als entsprechend dem Wesen der menschlichen Seele. Das Wesen der menschlichen Seele aber dachten sie sich wie das Bild eines Menschen oder eines anderen Körpers, welches im Träumen oder in einem Spiegel sichtbar ist ...«

Auf dieser Stufe bin ich stehen geblieben, weiter bin ich nicht gekommen. Ich kann aber meine Seele exakt beschreiben, genauso wie einen Menschen, der auffällig gerade vorübergegangen ist: Meine Seele ist ein Mann. Der Mann trägt Krankenkassabrillen, mit denen man nicht besser, sondern gerade noch sehen kann. Wo die Brille auf der Nase aufsitzt, ist ein Pflaster, das ramponiert ein wenig herunterhängt. Meine Seele spricht ein krächzendes Altkirchenslawisch – als Schutz vor unwillkommenem Verständnis. Die Stirn meiner Seele ist glatzköpfig, aber am Hinterkopf wachsen schlurfartig Haare. Sie sind ungewaschen, fettig. Die Stirn ist rechts- und linksseitig mit jeweils kleinen Hörnern geschmückt. Sie sind aus Silikon gemacht. Das Gesicht meiner Seele ist unrasiert. Es wirkt dreckig. Um den Mund herum sind kleine silberne Nägel eingeschlagen, und an der Unterlippe hängen zwei große Metallringe. An den Lippen meiner Seele ist nichtsdestotrotz ein Krügerl Bier zu sehen. Die rechte Seelenhand hält das Glas fest. Die Hand ist routiniert auf Schluck nach Schluck eingestellt. Das Glas, von der Lippe kurzfristig abgesetzt, schwingt mit der rechten Seelenhand auf und ab. Die Linke kommt auf Grund einer undefinierbaren Verletzung nicht aus dem Ärmel hervor. Der eigenartig verborgene, verbogene Arm steckt unter dem T-Shirt, das meine Seele im Sommer und im Winter, ja, das ganze Jahr über anhat. Immobil liegt der linke Arm unter dem schmuddeligen, verschwitzten T-Shirt. Genau genommen ist es kein T-Shirt, sondern es ist ein übergroßes Ruderleiberl, das an der Haut klebt und in dem lange schon keiner einen Sport betrieben hat. Die ganze Konstruktion meiner Seele steht auf wackeligen Beinen: dünne X-Beine, deren Knie fast zusammengewachsen erscheinen – tja, eine schöne Seele ist das nicht.

Franz Schuh, geboren 1947 in Wien, studierte Philosophie, Geschichte und Germanistik. Er ist Lehrbeauftragter an der Universität für Angewandte Kunst in Wien und arbeitet als Kolumnist für Zeitschriften und Rundfunk. Er erhielt u. a. 2006 den Preis der Leipziger Buchmesse, 2011 den Österreichischen Kunstpreis und 2021 den Johann-Heinrich-Merck-Preis für literarische Kritik und Essay. Zuletzt erschien *Ein Mann ohne Beschwerden* (2023).

© Literaturverlag Droschl Graz – Wien 2024

Umschlag: & Co www.und-co.at
Satz: AD
Druck: Florjančič

ISBN 978-3-99059-168-0

Literaturverlag Droschl Stenggstraße 33 A-8043 Graz
www.droschl.com